나와 당신의 애정을 담아,

당신에게 보내는

———

a letter

차례

1부. 보낸 편지함: 가끔 소식이 궁금한 사람들에게

많이 좋아했던 나의 첫사랑 8
나의 아저씨 12
당신 인생이나 제대로 사세요 16
생각해보면 당신도 어렸다 20
팬에서 아는 사람으로 24
그때의 나를 기억해 28
나는 당신의 라이크가 기다려집니다 32

2부. 보낸 편지함: 멀리 있는 사람들에게

꿈에서라도 만나 행복했던 38
갑자스러운 이별 42
한땐 나의 이상형 46
눈으로 건넨 말 기억하고 있어요 50
수줍은 뉴요커 54
이젠 너의 삶을 살고 있니 58
오랫동안 같은 시간을 쓰자 64
나의 가장 오래된 친구에게 70
오래 잊고 있던 가족이었어요 74
미래의 남편에게 78

3부. 보낸 편지함: 그리고 당신들의 사람들에게

    형, 어떻게 지내시나요? 84
    엄마, 디자인해서 미안해 86
    너에게 더 좋은 사람이길 92
    그 나이엔 어떤가요? 94
    세상의 전부에서 일부로 바뀐다 해도, 사랑해 98

4부. 받은 편지함

    사랑하는 경아야 104
    최회백, 106
    사랑하는 우리 딸 108
    고모가 행복해졌으면 좋겠어 110

나가며 112

그림 114

1부

보낸 편지함: 가끔 소식이 궁금한 사람들에게

당신도 날 궁금해 할까요?

많이 좋아했던 나의 첫사랑,

안녕?

이젠 너도 누군가의 남편, 아빠가 되어 있을 수도 있겠다. 열두 살이라는 나이에 누군가를 열렬히 좋아하는 마음을 느끼게 해주어 고마워.

알고 있을지 모르겠지만 학교 운동장에서 네가 축구 하던 모습에 반해서 너를 오래 좋아했었어. 남녀노소 불문하고 본인이 잘하는 일을 할 때 스스로가 빛나고 가장 멋진 것 같아. 넌 참 축구를 좋아하고 잘했던 것 같은데, 맞지? 그래서 네가 축구를 할 때면 늘 창가 옆에 앉아서 훔쳐보곤 했었어.

우리가 초등학교 6학년 때 '교환일기'라는 것이 유행이었잖아. 이 편지를 쓰면서 너랑 나누었던 교환일기를 오랜만에 찾아보았어. 말로는 표현하기 어려웠던 좋아하는 마음을 글로 적어 너에게 고백했던 것 같다. 그러고는 왠지 어색해졌지만 말이야. 너는 내 친구인 미연이를 좋아했었지. 그렇게 서먹하게 초등학교를 졸업하고, 같은 중학교에 입학해서 내내 다른 반이다가 3학년 때 같은 반으로 다시 만났을 땐, 열두 살 때의 그 설레던 감정이 다시 올라오더라. 첫사랑은 역시 좀 특별한 존재인가 봐.

그래도 중학교 3학년 땐 친구처럼 잘 지냈던 것 같다. 적당히 설레고 장난도 치면서 말이야. 사실 그땐 내가 빠순이 활동을 하느라 바빠서 또래 남자아이한텐 관심이 없었어. ㅎㅎ

다른 고등학교에 가면서 자연스럽게 연락이 끊기고 소식을 듣기가 어려워졌지. 그 시절의 네가 30대 아저씨가 되어 있을 상상을 하니 좀 어렵다. 어디서 어떻게 지내는지 궁금하지만, 그냥 내 기억 속의 그 첫사랑으로 남겨 둘게. 서로를 위해서? :-)

땀 흘리며 축구를 하던 어린 시절 너의 그 멋진 모습처럼, 지금도 네가 좋아하는 일 하면서 멋지게 살고 있길 바란다.

2021년 1월, 너를 많이 좋아했던 경아가.

Dear, G_oil on paper_29.7x21cm_2021

나의 아저씨,

선생님, 안녕하셨어요.

어디서 어떻게 지내시는지, 정말 궁금합니다.

선생님은 선생님이라고 불리는 것을 부끄러워하셨죠. 그렇지만 제가 스스로 성장할 수 있게 도와주신 선생님은 저의 영원한 스승님이십니다. 마냥 어렸던 고 3에 만난 선생님은 제 36년 인생에서 가장 즐겁게 그림을 그릴 수 있는 마음을 주신 분이었어요.

늘 '노는 마음'을 강조하셨던 선생님 덕에 지금 저의 수업을 듣는 학생들에게도 그 가르침을 전달하고 있어요. 그 '노는 마음'을 통해 다양한 분야에 관심을 두고 지금의 예술가로 성장할 수 있었던 것 같아요. 그 마음을 천천히 알아가며, 생각도 넓어졌지요. 무엇보다, 공부하면서 스스로 깨닫는 방법을 터득하게 도와주신 선생님께 고마움을 전합니다.

저도 어느덧, 나이가 들어 선생님께 배웠던 그 시절 제 나이 정도의 학생들을 가르치고 있어요. 선생 노릇을 하면서 선생님이 강조하신 '어떻게'의 중요함을 늘 깨닫고 있습니다. 과정 중심의 교육을 지향하며 저도 학생들에게 '어떻게' 도움을 줄 수 있을지, 그들이 '어떻게' 스스로 깨달을 수 있을지를 고민하고 있어요.

선생님이 인생에서 '좋은' 선생을 만나는 것이 얼마나 중요한지 강조했던 기억이 나네요. 제가 그토록 제 인생의 스승님은 당신이라고 말해도, 기어코 여러 차례 거절(?)하셨던 것도요. ㅎㅎ

제가 원하던 대학에 낙방하고 고민이 많을 때, 선생님께서 낯선 문화에서 오는 충격을 경험하라고 하셨던 말이 유독 기억에 남습니다. 그래서 유학을 결심하게 된 것도 있고요. 그렇게 떠난 몇 차례의 유럽 여행과 미국 뉴욕으로의 유학은, 돌이켜보면 제 인생의 터닝포인트가 아니었나 싶어요. 그 기회를 결심하게 해 주셔서 고맙습니다.

즐겁게 살려고 노력하고 있어요. 선생님은 유머가 있는 스타일은 아니셨지만, 유머와 즐거움이 창의력과 관련이 깊다고 하셨던 말을 이제야 깨닫고 있습니다. 요즘 즐겁게 살다 보니 자꾸 하고 싶은 작업도 많아지는 걸 보니까요.

선생님이 아닌 아저씨라고 부르라고 했던 말이 기억나네요. 제 인생 드라마 『나의 아저씨』를 보며, '내 인생에도 저런 아저씨가 있었으면 좋겠다'는 생각을 한 적이 있는데, 지금까지 선생님과 연락을 하고 지냈다면, 어쩌면 저의 아저씨는 선생님이 되었을지도 모르겠네요.

"덤덤하게, 우둔하게 앞으로 나아가자."라고 하셨던, 이 말을 힘들 때 되새겨요. 어쩌면 조금 무식해 보일지 모르는 이

표현이 지금의 힘든 세상을 견뎌내고 살아가기엔 가장 필요한 말 같아서요. 선생님과 이메일로 연락을 주고받은 지 거의 20년이 다 되어가네요. 오늘 이 편지를 쓰면서 예전 이메일 함을 들춰보다 날짜를 보고는 깜짝 놀랐어요. 20년이 지난 지금, 선생님은 어떻게 지내고 계실지 정말 궁금합니다.

전달조차 되지 않을지도 모르지만, 이 이메일 주소로 한 번 용기 내어 편지를 써볼까 하는 생각도 드네요. 그때 당시에 선생님께서는 네덜란드에 계셨는데, 여전히 그곳에 계실지도 궁금하고요. 20년 전, 이메일을 나눌 때마다, "언젠가 볼 일이 있을 거다."라는 말씀을 하셨는데, 그 오래된 말에 용기를 내어볼까 합니다. 선생님이 늘 말씀하신 것처럼, 언젠가 볼 일이 있을 거라는 작은 믿음 하나로 말이에요.

어디에 계시든, 몸 건강히 잘 지내세요. 부디 다음 연락이 닿을 땐 20년 후가 아니었으면 합니다. 즐겁고 건강하게 지내시 길.

2021년 1월, 선생님의 제자 경아 드림.

당신 인생이나 제대로 사세요,

어린 나에게 그림을 권유했던 당신. 어디 계시나요? 어쩌면 당신 덕분에 여기까지 왔는지도 모르겠습니다.

하지만 고맙지는 않아요. 어린 나와, 나의 부모를 속이고 고생시킨 당신을 어떻게 고마워할 수 있을까요. 아니, 어쩌면 속은 우리가 바보였을지도 모르겠네요.

어린 나이에 미술학원에서 만난 당신. 당신을 이모처럼 잘 따르던 저에게 그림을 전공해보라고 권유했었죠. 선생님이라는 호칭이 아까운 당신. 이제는 50대가 되었겠네요.

밤낮을 가리지 않고 화실에서 혼자 처박혀 그림만 그렸던 기억이 납니다. 제가 준비하던 학교는 그렇게 하지 않아도 되던 학교였는데.. 그땐 당신이 하는 말이 다 맞는 줄 알았으니.. 참 어리석었죠.

하필 축구를 좋아하는 소녀가 고3이었던 해에 역사적인 2002 한일 월드컵이 열렸으니 더 억울할 수밖에 없었지요. 그 흥분된 순간에 혼자 화실에서 거의 썩고 있었으니 말이에요. 그해 여름, 어떤 순간이 강렬하게 기억이 납니다. 당신은 내 뒤 소파에 감시자처럼 앉아서 그때 한창 유행하던 PC통신 채팅을 하고 있었고, 나는 뒤통수의 따가움을 감수하며 고개를 떨군 채 그림을 그리고 있었죠.

그런 모든 상황이 너무 화가 나고 짜증 나는데, 내가 할 수 있는 일은 없어서 소리 없이 눈물을 흘렸어요. 당신은 그걸 눈치채고 그제야 좀 쉬고 놀다 오라며 축구 경기를 관람할 수 있는 집 근처 광장으로 절 내려주었죠. 덕분에 이미 재미있는 경기는 다 끝난 후인, 터키와의 3-4위전 잘 보았습니다.

당신과 함께 준비하던 학교를 낙방하고 나서, 나는 당신 화실에 걸려 있던 그림도, 경력도 모두 거짓이라는 걸 알았어요. 그동안 당신 화실에서 들인 시간과 돈이 물거품처럼 사라진 순간이었죠. 일주일 동안 식음을 전폐하고 폐인처럼 있던 나에게 찾아와 위로랍시고 한다는 말들은 죄다 상처 가득한 말들이었어요. 아마 당신은 기억 못 할 거예요.

당신을 초등학교 때부터 고3까지 만났었으니 6-7년을 알고 지냈네요. 그 시간을 되돌려 받을 수만 있다면, 송두리째 돌려받고 싶습니다. 지금 생각해도 이해가 안 갈 정도로 괘씸한 당신이지만, 그럴 만한 사정이 있었을 거라 생각하고, 힘들지만 용서해보려 합니다. 가장 큰 복수는 용서라는 말이 있듯이, 상처로 가득해서 잊히지 않는 그 7년의 세월을 용서라는 마음으로 지울 거에요. 당신을 위해서가 아니라, 나를 위해서.

내가 어떻게 지내는지, 뒷조사하고 다닌다는 이야기를 들은 적이 있어요. 부디 그만두세요. 전 잘살고 있으니. 당신 인생이나 제대로 사세요.

2021년 1월, 당신을 용서한 경아 드림.

Dear, H_oil on paper_29.7x21cm_2021

생각해보면 당신도 어렸다,

창주샘, 안녕하세요. 저 기억하세요?

어릴 적 다니던 화실 오빠로부터 한국예술종합학교라는 학교를 알게 되고, 샘을 만나게 됐죠. 샘이랑 수업하던 때가 거의 20년 전이네요. 그때 샘의 나이보다 지금의 제 나이가 더 많네요. 이럴 수가…

생각해보면 샘도 그때 어린 나이였네요. 제가 무척 다니고 싶던 학교 학생이어서 샘이 엄청 대단해 보였던 것 같아요. 그저 평범한 대학생이었을 텐데 말이에요. 그쵸?

제가 학교에 떨어지면서, 믿었던 사람으로부터 사기 아닌 사기를 당하고 괜한 투정을 샘한테 부렸던 것 같아요. 영문을 몰랐던 샘은 학교 하나 떨어졌다고 애가 이렇게 바뀔 수 있나? 라는 반응이었죠. 그래도 진심으로 위로해 주셨던 거 기억합니다.

저희가 만약 학교에서 선후배로 만났더라면 어땠을까요? 아마 친구처럼 잘 지냈을 텐데.. 그 이후로 인연이 닿지 않아 지금은 어디서 무얼 하며 지내시는지조차 모르니 안타깝네요. 돌이켜보면 샘과의 수업은 편하고 재밌었던 것 같아요. 동성이 아니라서 할 수 있는 이야기도 많았고, 내 일처럼 열정을 다해서 신경 써 주셨던 걸 이제서야 기억하네요.

무슨 일을 하는지 잘 알지도 못하면서, 괜히 뭔가 '있어 보이는' 디자이너가 되고 싶었던 것 같아요. 지금 저는 그림을 그리면서 살고 있어요. 성실했던 샘은 지금 어떻게 지내고 계실까 궁금하네요.

나이가 들어가니 제 유년 시절을 성장하게 해 주었던 분들이 유독 생각이 납니다. 어쩌면 지금의 저를 만들어 준 사람들일지도 모르니까요.

지금은 연락처도 모르고, 소식을 건네 들을 사람도 없지만, 우리의 영역이 넓지 않으니 꾸준히 활동하다 보면 어쩌면 만날지도 모르겠죠? 그런 날이 온다면, 괜한 심통과 투정 부렸던 고3 소녀로 돌아가 정식으로 샘에게 사과드릴게요.

건강하세요.
2021년 3월, 샘께 괜히 미안한 경아 드림.

Dear, C_oil on paper_29.7x21cm_2021

팬에서 아는 사람으로,

좀 전에 즐겨 듣는 라디오 프로그램에서 우연히 감독님의 영화 메인테마로 쓰였던 곡이 나왔어요. 그래서 문득 생각이 나서 편지를 씁니다. 펜데믹 상황으로 가장 큰 영향을 받은 산업이 공연예술과 영화 산업이라고 하던데..

감독님, 어떻게 지내시나요?

대학교 3학년 때 팬심으로 읽게 된 감독님의 책에 있던 이메일 주소를 통해 처음으로 인사드렸었죠. 제 인생 영화라고 해도 과언이 아닐, 감독님의 2005년 작품을 보고 '이 사람은 어떤 감성을 갖고, 무슨 생각을 하며 영화를 만들까?' 하는 단순한 호기심으로 시작해 그 이후에 나온 감독님의 책을 찾아 읽었던 것 같아요.

당시 대학 3학년이던 저에게 답장을 해 주실 거라고는 상상도 못 했죠. 아직도 답장을 받았던 그 순간이 기억납니다. 오래도록 좋아하던 슈퍼스타가 포옹을 해 준 것 같은 느낌이었어요. 그때 감독님은 차기작 촬영으로 중국에 계신다고 하셨었고, 저는 그 이후에 감독님의 새 작품이 나올 때마다 나름의 감상문(?) 같은 것을 보냈던 것 같은데..

지금 와서 생각해보니 아무것도 모르는 애송이가 그런 이메일을 보냈으니 얼마나 우스웠을까, 부끄럽습니다. 그래도 영화를 좋아하고 동경하던 미술학도의 열정이라 생각해주세요.

제가 뉴욕으로 공부하러 가기 전에 서울에서 한 번 뵙고, 2년 후쯤 다시 뉴욕에서 뵀었죠? 소호의 한 칵테일 바에서 만난 감독님이 얼마나 자랑스럽고 반가웠던지. 제가 다니던 학교 근처에 있던, 역사가 깊은 영화관에 감독님이 새 영화 상영과 토크 행사로 오셨다며 저를 초대해주시기까지 하시고..

정말 저에겐 잊지 못할 추억이었어요. 다시 한번 감사해요.

TMI이지만, 그때 함께 감독님의 영화와 토크를 들으러 갔던 영화학도 친구는 지금 열심히 현장에서 영화를 만들고 있습니다. 그 친구를 얼마 전 오랜만에 만났는데, 그때 거기에 데려가 주어 고맙다고 여러 번 말하더라고요. 지치지 않고 꾸준히 좋은 작품을 만들어내는 영화감독이 제 주변에서 탄생하기를 조용히 응원하고 있습니다.

한 때, 저도 영화감독이 꿈이었던 적이 있었어요. 너무 많은 역량이 필요한 일이라 지금은 거의 포기했지만요. 아주 먼 훗날, 기회가 된다면 도전해보고 싶습니다. 그땐 저 다운, 내가 아니면 만들지 못할, 그런 영화를 만들고 싶어요. (과연? 가능할까요? ㅋㅋ) 두 번 정도 얼굴을 뵌 게 다지만, 감독님의 영화를 보면 감독님이 보여요. 감독님의 섬세한 감성과 싱거운 농담을 좋아합니다. 새 작품은 또 어떤 내용과 분위기로 만날지 기대가 됩니다.

제 전시가 있을 때마다 언제나 그랬듯, 얼굴 붉히지 않고 소식을 전해드리면 늘 반갑게 인사해주셔서 감사해요. 어쩌면 이 편지를 계기로 또 한 번 연락을 드리게 될지도 모르겠네요.

처음 연락이 닿았던 때처럼, 편지로 다시 만나면 더 반가울 것 같습니다. 곧, 직접 뵙고 인사 나눌 수 있기를 바라고 있을게요.

건강히, 꾸준하게 각자의 자리에서 잘 지내다가 곧 볼 수 있기를.

2021년 3월, 영원한 감독님의 팬 경아 드림.

그때의 나를 기억해,

딱 1년 전 이맘때쯤 너를 만났지. 너를 만나러 처음 가던 길, 그날의 옷차림, 온도까지 기억이 나. 1년이 지난 지금도 왜 여전히 그날을 잊지 못하고 있는 걸까. 그때 입었던 옷을 꺼내 입을 때마다 그날의 내가 생각나. 그때의 나를 지우면 너도 지울 수 있을까?

두 번째 데이트하던 날의 바람과 나의 옷차림도 생생해. 봄이었지만 제법 바람이 불어 쌀쌀했던 그 날, 기분 좋게 먹은 저녁과 반주로 조금 걷고 싶어서 우린 한강 변 산책을 했었지. 휘몰아치는 바람결에 서로의 몸이 움츠러들어서 어깨동무나 손을 잡고 싶어 했던 너의 우물쭈물한 행동도 기억해.

그 두 번의 만남보다 강렬했던 이별의 날은 여전히 어제 일 같아. 가을을 알리던 찬란한 하늘과 내리쬐던 태양 아래 갑작스러운 이별을 결심한 우리. 너의 뒷모습을 보면 오래도록 기억에 남을 것 같아서 먼저 나의 뒷모습을 너에게 보여주었지. 조금은 이기적이지만 나의 그 뒷모습을 넌 오래 간직하면 좋겠다.

오늘은 너와 가자고 약속했던 위스키 바에 친구와 다녀왔어. 너와 그곳을 다녀갔다면 아마 쉽게 갈 수 없었을지도 모르지. 워낙 애정하는 곳이라 특별한 사람이 아니라면 함께 가고 싶지 않았거든. 천천히 음미하며 위스키를 마시는 동안 잠깐잠깐 네 생각이 났어. 왜인지는 모르겠지만.

딱 1년이 지난 지금, 여전히 기억 속에 생생하게 남아있는 너와의 순간들 때문에 가끔은 괴롭기도 해. 하지만 그때의 내가 예뻐서, 기억 속에 그냥 남겨두고 이렇게 순간순간 떠오를 때마다 네가 아닌 나를 기억하려 해.

그때의 너도 스스로 생각했을 때 멋지고 예뻤을까? 만약 그랬다면, 내가 아니라 너를 기억하면 좋겠어. 어쨌든, 뜨겁게 존중하고 좋아했던 한 연인의 모습이었을 테니까.

시간이 지나면 그때의 너도, 나도 희미해지겠지. 서로에게 누군가가 생기면 아마 더 그렇게 될 거야. 진부한 말이지만, 너에게 더 좋은 사람 만나. 나도 꼭 그럴게.

언제나 그랬듯이 건강 잘 챙기고 오늘보다 내일 더 행복하길 바랄게.

    2021년 3월, 이제는 너에게 아무도 아닌 경아가.

Dear, X_oil on paper_54.5x39.4cm_2021

나는 당신의 라이크가 기다려집니다,

음.. 어떤 말로 시작해야 할지… 늘 관심이 있는 대상에게 말을 건네거나, 글을 쓰는 일은 괜히 더 신중해지는 것 같아요. 말이 잘 통하고 궁금한 사람을 만난 것은 정말 오랜만이라 더더욱 당신에게 어떤 글로 시작해야 할지 고민이 됐어요.

갑작스레 연락을 받고 가게 된 그 도시에서 꽤 로맨틱한 밤을 보낸 그 짧았던 몇 시간이 저에겐 최근 겪은 경험 중, 가장 강렬했어요. 당신도 그랬는지는 모르겠지만..

무슨 일이든 힘을 빼고 덤벼든 일이 잘되었던 것 같아요. 일도, 연애도. 별 기대 없이 갔던 그곳에서 당신을 만난 것이 그런 사건이었죠. 두 시간가량의 짧은 만남에서도 난 느낄 수 있었어요. 당신이 좋은 사람임에는 분명하고, 나와 성향은 좀 다르지만, 꽤 비슷한 감성을 가진 사람이구나.라는 것을요. 그래서 호감이 갔어요.

물리적으로 멀리 있어서 연락하기 어려워하는 건지, 아니면 지금 상황이 바쁘고 여의치 않아서인지, (아니면 나에게 관심이 없는 건지.. 이 이유라면 너무 슬플 것 같지만) 당신의 연락을 기다리고 있었는데 오지 않아 많이 서운했답니다. 요즘은 휴대폰 번호만 있으면 알아서 SNS도 알려 주니 덕분에 당신과 SNS 친구가 되었죠. (얼마나 다행인지..)

따로 굳이 연락하지 않아도, 서로의 일상을 들여다볼 수 있으니 말이에요. 올라오는 소식들 보며, '잘 지내고 있구나.' 라는 응원의 표시로 라이크를 누르게 돼요. 그리고 내가 업로드를 하면, 그 누구보다 당신의 라이크가 기다려져요. 이 심리는 뭘까요? 아마 당신도 날 궁금해 해주기를 바라는 마음 아닐까 싶습니다.

 그러다 문득, 한 번의 만남으로 당신을 알기에는 부족하기에, 다시 꼭 만나고 싶은 마음이 들었어요. 성격 급한 제가 먼저 연락할 가능성이 크겠지만 그게 머지않은 미래였으면 좋겠네요. 당신과 내가 친구가 될지, 그 이상이 될지, 아니면 아무 사이도 아니게 될지 모르지만 지금 난, 당신이 궁금합니다.

 당신도 날 궁금해할까요? 만약, 그렇다면 고민하지 말고 편히 연락해주세요. 좋은 사람과 함께 시간을 나누는 것만큼 행복한 일이 있을까요?

 30대 중반이 넘은 이 나이에도 '설렘이라는 감정이 여전히 남아있구나.'라고 느끼게 해 준, 당신에게 고마워요. 이 감정이 더 식기 전에 부디 만날 수 있으면 좋겠네요. 당신과 휴대폰 화면이 아닌 곳에서 서로의 눈을 맞추며 만날 날을 기다립니다.

    2021년 4월, 당신과 더 친해지고 싶은 경아가.

Dear, J_oil on paper_56x76cm_2021

2부 보낸 편지함: 멀리 있는 사람들에게

그땐 더 반갑게, 꼬—옥 안아주세요.

꿈에서라도 만나 행복했던,

어제 꿈에 당신이 나왔어요. 당신이 사는 영국 런던의 한 거리에서 당신과 나는 옷을 근사하게 차려입고 어딘가를 갔어요. 그 '어디'를 도착하기 전에 잠에서 깨버려서 어디인지는 모르겠지만, 가는 길 내내 우리는 행복했어요. 런던의 이름 모를 길에서 웃고, 사진 찍으며, 마치 이제 막 연애를 시작한 여느 커플처럼 꽁냥미를 발산하며 함께 손을 잡고 거닐었죠.

당신의 웃음을 보면 기분이 좋아져요. 꿈에서 당신은 기분 좋은 웃음과 미소로 나를 행복하게 했어요. 그리고 내가 행복해하는 모습을 보며 당신도 기뻐했고요.

꿈은 무의식을 표현한다고 하죠. 나도 모르는 내 무의식에 깊게 자리 잡은 당신을 꿈이 아닌 현실에서 한 번이라도, 멀리서라도 보는 것이 저의 큰 꿈이에요. 이런 꿈을 가진 사람이 전 세계에 저 말고도 몇십만 명은 될 거라고 생각하지만, "꿈은 이루어진다"와 같은 허무맹랑한 슬로건을 2002년 한-일 월드컵 때처럼 믿어 보기로 했어요.

당신이 필드에서 떠나기 전에 꼭, 당신의 경기를 보러 가고 싶어요. 머지않은 미래의 그 시간이 온다면, 어제 꿈에 제가 입은 옷을 그대로 입고 갈게요. 런던의 거리에서 함께 손잡고 걸을 순 없겠지만, 팔짱 끼고 사진 한 장 찍는 것 정도는 허락해주세요.

부상 조심해야 해요. 그대가 다치면 나도 아파요. 코로나 시대가 끝나고, 곧 편히 당신을, 당신의 경기를 보러 갈 날을 학수고대하며,

                    2021년 1월, 당신의 팬, 경아가.

Dear, Sonny_oil on paper_29.7x21cm_2021

갑자스러운 이별,

할아버지, 갑작스레 가시게 된 그곳은 어떤가요? 지금 할아버지가 제 곁에 있다면 어떤 싱거운 농담으로 절 웃게 할지 상상하니 입가에 미소가 맴돕니다.

많이 보고 싶어요.

제가 학교 조교로 일하던 시절, 출근 준비를 하던 이른 봄 그 아침이 또렷이 기억납니다. 마치 장례식장을 갈 것을 알았던 사람처럼 전 검은색 옷을 입고 있었어요. 진훈이가 졸린 눈을 비비며 방에서 나와, "누나, 할아버지 소식 들었어?"라고 가라앉은 목소리로 말했을 때, 전 아무 생각 없이, "응? 무슨 소식?"이라고 물었죠. 하루아침에 돌아가실 거라고는 당연히 그 누구도 생각 못 할 만큼 너무도 명랑하고 건강하신 할아버지였으니까요.

"할아버지 돌아가셨대."라는 대답을 들었을 땐 너무 말도 안 되는 일이라, 순간 '오늘이 만우절인가?' 생각하기도 했어요. 그러고는 그게 진짜인 걸 알았을 땐, 출근길에 눈물을 흘렸죠.

남은 사람들은 어떡하라고, 그렇게 이별의 준비 시간 없이 가셨나요.

전 할아버지의 엉뚱함과 소년미가 좋았습니다. 할머니는 그런 모습을 싫어하셨겠지만요. 할아버지가 하루아침에 그렇게 가시고, 할머니는 아닌 척하셨지만, 많이 힘들어하셨어요. 혼자 지내시는 할머니의 지금을 저희 모두가 걱정하고 있어요.

그 누구보다 제가 좋은 사람 만나기를 바라셨던 할아버지. 어쩌면 제 기억 속의 할아버지는 늘 건강하시고, 웃으셨던 모습만 있어서 다행일지도 모르겠어요.

이모와 수진이가 살던 쿠알라룸푸르에 엄마와 할아버지, 할머니를 모시고 함께 갔던 그해 여름이 여전히 생생합니다. 두 딸, 그리고 손녀 두 명과 함께 2주가량을 함께 지냈으니, 더할 나위 없이 행복해하셨죠. 그때 그 여행을 함께 하지 못했다면, 할아버지에 대한 기억이 많지 않았을 것도 같아요.

나이가 드셔서도 멋을 부릴 줄 아셨던 할아버지. 그런 모습이 전 너무 멋있어 보였습니다. 저도 할아버지의 나이가 되었을 때 그런 모습으로 남은 사람들에게 기억되고 싶어요. 나이가 들어서도 소녀 같았던, 멋을 부릴 줄 알았던 할머니로요.

저에겐 싫은 소리 하나 하지 않으셨던 할아버지. 만나면 윗이빨로 아랫입술을 깨물며 온 힘을 다해 격하게 안아 주시던 할아버지. 중절모를 쓰고 멋지게 차려입으신 할아버지의 팔짱을 끼고 산책을 하러 가고 싶은 계절입니다. 이맘때쯤 돌아가셔서일까요? 봄이 오는 신호가 올 때면 더욱더 할아버지가 보고 싶어지네요.

할아버지께 못다 한 마음을 두 배로 담아 남아계신 할머니께 더 잘하도록 노력할게요. 언제나 저희를 위해 응원하고 있으시리라 생각합니다. 언제가 될진 모르지만, 그곳에서 만나면 그때도 아플 정도로 꽉 안아주세요. 제가 많이 보고 싶어 했던 만큼의 마음을 담아서요.

할아버지의 마지막 모습을 꼭 보고 싶었는데, 할머니와 엄마가 말렸어요. 그게 조금 후회가 되네요. 그 모습을 보았다면, 할아버지가 좀 덜 보고 싶었을까요? 아니면, 오래 아픈 모습으로 기억에 남았을까요? 아마 할아버지의 좋은 모습만 간직하라는 할머니와 엄마의 배려였을 거에요.

할아버지가 돌아가시고 난 후의 저는, 안타깝게도 그 전과 크게 달라진 건 없네요. 좋은 일들이 많이 생기면 할아버지가 좋아하시던 다방 커피와 소주 한 병 들고 찾아갈게요.

그곳에서 부디 평안히 쉬고 계셔요.

                        2021년 3월, 할아버지의 큰 손녀 경아 드림.

한땐 나의 이상형,

하이, 오빠.

고등학교 때 오빠의 시선을 받으려고 일부러 꼬불꼬불 초등학생 글씨로 일주일에 한 번씩 편지 보냈던 경아야.

기억하려나?

그러고 보면 난 그때부터 꾸준한 건 알아줬다. ㅋㅋ 답장받지 못할 거 뻔히 알면서 그렇게 꾸준히 편지를 썼으니 말이야. 일 년까지는 아니어도, 꽤 오래 썼던 것 같은데.. 지금 읽어보면 얼마나 오글거릴까? 아마 오빠는 다 버렸겠지만.

중학교 3학년 때인가? 오빠가 우리 동네의 한 힙합 브랜드 매장에 사인회를 하러 왔을 때였어. 내 편지를 기억하고 "아, 네가 경아구나?"라고 알아봐 줘서 그 이후로 오빠를 더 열렬히 좋아하게 됐지. 그 이후로도 꾸준하게 편지를 썼었던 것 같아. 고1 때였나, 오빠가 나한테 화를 내기 전까지.

낙엽 굴러가는 소리만 들어도 까르르 웃었던 17살 소녀에게 이상형 오빠의 실망스러운 모습은 꽤 충격적이었지. 나의 우상과도 다름없던 오빠가 내 앞에서 불같이 화를 냈으니 말이야. 나는 가끔 사인회나 가서 편지 전하고 얼굴만 보던 조용한 팬이었을 뿐인데, 당시 인기가 많았던 오빠는 다른 팬과 날 착각했는지, 스토커 취급을 했었어. 오빠에게 실망해서

갈대와 같은 나의 마음은 한순간에 토라져버렸지.

한때 잘나가던 아이돌 힙합 그룹의 멤버였던 오빠는 이제 그저 평범한 아저씨겠지? 사실, 지금 생각하면 오빠가 내 이상형이었다는 게 당최 이해가 안 가. ㅎㅎ 유머 감각 때문이었나? 그래도 오빠 덕분에 내 인생에서 유일무이한 '덕질' 경험을 할 수 있었던 것 같아. 그 시절, 그 감각으로 요즘도 가끔 빠순이 기질이 나오기도 하는데, 여고생 때 에너지를 다 소진했는지 적당히 하고 멈춰지더라.

가끔 내가 가장 좋아했던 오빠의 노래를 찾아 듣곤 해. 그 노래를 들으면, 독서실 앞에서 오빠랑 통화했던 것도 떠오르고, 그 시절의 나를 되돌아보게 돼. 그리고 그때 받은 오빠의 사인은 여전히 잘 간직하고 있어. 이상하게 그건 못 버리겠더라.

이 편지를 오빠가 볼 일은 아마 없을 거야. 그렇지만 난 알아. 가끔 오빠도 오빠의 전성기 시절인 그때를 추억하며, 편지가 아닌 무엇이라도 들춰 볼 거라는 걸. 오빠의 리즈 시절을 함께 기억할 수 있어서 감사해. 그 시절 나에겐 오빠가 나의 유일한 이상형이었어. 그래서 오빠의 지금이 궁금하지 않다? 그때 그 모습 그대로만 기억하고 싶은 이기적인 마음인가 봐. 어디에 있건, 건강하고 행복하게 잘 지내길.

    2021년 4월, 한때 오빠의 열렬한 팬이었던 경아가.

Dear, B_oil on paper_29.7x21cm_2021

눈으로 건넨 말 기억하고 있어요,

할머니.

이상하게 중요한 일이 있거나, 고민이 많을 땐 꿈에 할머니가 나와요. 전 지금 곧 있을 개인전을 준비하며 글을 쓰고 있어요. 요즘은 글 쓰고 책 만드는 재미에 빠져 있어요. 스스로 책임져야 할 일들이 많아서 어깨가 무거웠는지, 잘 느끼지 못하고 있었는데 무의식에선 그 무게를 느꼈었나봐요. 그래서일까요? 얼마 전 꿈에 할머니가 나왔어요.

꿈이 어떤 내용이었는지는 잘 기억이 나질 않아요. 그저 할머니가 나왔다는 것밖엔.. 그 꿈을 꾼 후 며칠 뒤에 갑작스레 할머니가 계신 곳 근처를 가게 되었어요. 그런데도 들르지 못했어요. 그래서 아빠한테 혼나기도 했고요. 죄송합니다.

4월 말의 장성은 너무 아름다웠어요. 친구와 함께 오른 백암산은 고요하고도 경이롭기까지 했어요. 이렇게 아름다운 곳 근처에 할머니가 계신다니 다행이라는 생각도 들었고요.

제가 고등학생 때 이미 할머니는 아흔이 넘으신 나이셨죠. 어린 나이에 가까이 있던 사람의 죽음을 맞이하는 건 쉬운 일이 아니었어요. 사실 '죽음'이라는 것이 뭔지도 잘 몰랐던 것 같아요.

할머니.

지금 전 세계에서는 많은 사람이 세상을 떠나고 있어요. 그런데, 바이러스 때문에 가는 길을 제대로 배웅조차 할 수 없는 상황입니다.

사랑했던 사람의 마지막 모습도 제대로 보지 못한 채 보낸다면 그 가족과 친구들은 얼마나 오랫동안 가슴 속에 미안함으로 가득 찰까요?

다행히도 전, 할머니의 마지막 숨소리를 기억합니다. 죽음을 앞둔 사람의 헐떡이던 그 숨을요. 몇 번 남지 않은 숨을 쉬고 뱉으며 할머니가 눈으로 저에게 건네던 말을 기억하고 있어요. 그렇게 살게요. 할머니.

할머니와 함께 살던 그 시절에 할머니 마음 아프게 했던 일들 많았죠. 철없던 사춘기 십 대 소녀여서였다고 이해해주세요. 막둥이 아들의 막내인 제가 걱정돼서 하교 시간 때마다 늘 학교 앞에 기다려주셨던 일도, 엄마가 없을 때면 끓여 주셨던 매콤한 된장찌개도, 모두 기억합니다.

가죽만 남은 채 숨을 헐떡이던 마지막 순간의 할머니 모습이라도 뚜렷이 남아있어서 다행이라고 생각해요. 만약 지금 살아 계신다면 할머니의 그 작은 손과 몸을 꼭 잡고 안아주고 싶네요. 많이 보고 싶어요. 그러니 제가 힘들 때 꿈에 가끔 나와주세요.

곧 계절의 여왕이라 불리는 5월이에요. 장성은 언제 가도 좋지만, 단풍나무가 많아서 가을에 더 이쁘잖아요.

이번 추석 때는 꼭 찾아갈게요.

       2021년 4월, 할머니의 막내 손녀 경아 드림.

수줍은 뉴요커,

선배님, 혼란스러운 시기에 잘 지내고 계시는가요?

여전히 바이러스 확진자가 줄지 않고 있지만, 한국은 뉴욕보다는 예전 생활을 어느 정도 향유하고 있는 것 같아요. 많은 사람을 만나지는 못해도, 밖에서 식사할 수는 있습니다. 뉴욕은 여전히 레스토랑 안에서 식사를 못 한다고 들었어요. 많이 답답하시겠어요.

얼마 전, 문득 선배님과 한겨울에 갔던 김치찌개 집이 생각이 났어요. 혼자 가서 먹을까 싶다가, 괜히 서러워질 것 같아서 관뒀답니다. 제 오지랖 덕에 타국에서 학교 선배님을 만나, 지금까지 인연을 이어 오고 있다니, 괜히 저 자신에게 칭찬해주고 싶네요.

첫인상과는 다르게 무척 섬세하고 따듯한 마음을 갖고 계신 선배님 덕에 뉴욕의 마지막 기억이 따듯해졌던 것 같아요. 험난한 예술가의 삶을 먼저 살고 계신, (그것도 뉴욕이라는 경쟁 가득한 도시에서) 선배님께서 들려주신 솔직한 이야기들과 충고 덕에 어쩌면 지금까지 견디고 있는지도 모르겠어요. 언제까지 잘 견뎌낼지는 미지수이지만, 그때마다 학교 선배이시기도 하지만 작업 선배로서 해주신 말들, 잘 꺼내어 살펴보도록 하겠습니다.

저도 이제 나이가 들어가고 경험치가 쌓이면서, 처음 만난 사람이어도 그 사람이 어떤 눈빛과 마음을 가졌는지 어느 정도는 파악이 되는데요. 일면식도 없던 까마득한 후배를 생뚱맞게 만났어도 반갑게 맞아주시고 성심성의껏 앞날을 충고해주셔서 정말 감사했어요. 선배님을 처음 만났던, 정신없던 42번가의 Dean&Deluca에서, '인상은 험악해도 이 사람은 앞으로 편하게 내가 믿고 고민을 털어놓을 수 있는 사람이겠구나.'라는 생각을 했답니다.ㅋㅋ

언제, 어디서 만나든 조금은 쑥스럽지만 반가움의 허그와 헤어짐의 허그를 잊지 않으시는 뉴요커 선배님. 바이러스가 물러가고 모두가 다시 예전의 삶으로 돌아가는 날이 오면 그땐 더 반갑게, 꼬-옥 안아주세요.

선배님과 막걸리 한 잔 기울이며, 뜨듯한 김치찌개 함께 먹을 날을 학수고대하고 있겠습니다.

> 2021년 4월, 까마득한 후배 경아 드림.

Dear, Mr. Jang_oil on paper_29.7x21cm_2021

이젠 너의 삶을 살고 있니,

동은아.

너의 이름을 이렇게 불러본 지 얼마나 시간이 지났을까? 그것조차도 잘 기억이 나질 않네. 고등학교 때 매일 편지를 주고받던, 가장 가깝던 친구 중 한 명이었던 네가 지금은 어디서 무엇을 하는 지도 모른다니.. 어쩌다 우리가 이렇게 된 걸까?

아마 내 기억이 맞다면 너의 결혼식에서 본 게 마지막이었던 것 같다. 사실, 그 전에 이미 사이가 멀어지기 시작했지만 너의 결혼 사실을 알고도 안 가는 건 한 때 친했던 친구 사이의 예의는 아닌 것 같아서 갔었어.

둘도 없는 친구였던 너와 내가 어떤 계기로 멀어지게 됐는지 여전히 잘 모르겠다. 그래도 너도 한 때 친했던 친구에게 마지막 예의는 다하지 그랬니? 신랑 될 사람 제대로 인사도 안 시켜주고, 청첩장을 모바일로 보냈던 건 좀 당황스럽더라. 그래서 더 결혼식을 가야 하는지 고민했었거든. 괘씸해서.

내 생각엔 너의 이상한 자격지심 때문에 우리들 사이에 어울리지 못했던 것 같다. 너가 먼저 가 있던 뉴욕에 내가 공부하러 갈 때, 친한 친구가 있다는 사실에 얼마나 든든했는지 모르지? 그곳에서 우린 또 얼마나 좋은 기억을 만들까? 라는 부푼 기대를 품었었어.

하지만 막상 뉴욕에서 만난 너는, 너무 치열하게 살고 있었지. 학생 신분도, 사회인 신분도 아닌 애매한 상태에서 너 자신을 위한 삶이 아닌 삶을 사는 듯 보였어. 왜 그랬니?

운동하는 남동생을 둔 장녀이기 때문이라기엔 내 기준에선 좀 이해가 되지 않았어. 어쨌든 넌 뉴욕에 공부하러 온 거였잖아. 학업이 채 끝나기도 전에 돈을 버느라 목을 매고 있는 널 보며, 무엇이 우선인지 모르고 정신없이 사는 사람 같았어.

그렇게 치열하게 살다 보니 만나기로 약속을 하면 한 시간 늦는 건 기본이었고, 나의 시간을 존중해 주지 않는 것에 한번 크게 화를 냈었지. 그런데도, 너는 그 버릇을 고치지 못하더라. 너무 친했기에 내가 다 이해해줄 거라는 믿음에서였을까?

언젠가 네가 살던 뉴저지의 집에 놀러 갔을 때, 그날 역시 넌 날 집주인보다 더 먼저 도착하게 했고, 텅 빈 집에서 너를 하염없이 기다렸었지. 다음 날 중요한 일을 앞두고 있던 난, 그렇게 어이없는 경험을 하게 해 준 너에게 화가 나면서도 동은이가 왜 이렇게 됐을까?를 생각해보게 된 계기가 되었어. 그러고는 가만히 앉아서 너의 방을 둘러봤어. 책상과 벽 곳곳에 붙어진 포스트잇에 쓰인 글귀들 모두가 하나같이 '너' 자신에 관한 내용이 하나도 없다는 것을 깨닫고는 마음이 쓰이더라. '할머니 여행 보내 드리기', '엄마 가방 사주기'

등과 같은 가족과 친구를 위한 목표만이 가득했어.

무슨 일을 하든 '내'가 늘 먼저인 나에게는 도무지 이해되지 않는 글귀들이었지. 가족이든 친구이든 어떤 관계든 간에, '너'가 먼저가 되어야 하지 않을까?

늦은 새벽 돌아온 너에게 난 졸린 눈을 비비며 말했지.

"너 여기 붙어 있는 포스트잇 다 읽어본 적 있어?"
"응? 왜?"
"이 중에 단 한 가지도 너 자신에 대한 게 없는 거 알아?"
"그런가?"

그 짧은 대화 후에 난 너에게 친한 친구로서, 진심으로 충고했었는데.. 기억 나니?

너 자신을 위한 목표를 설정하라고.
널 위한 삶을 살라고.
다른 누구의 행복을 위해 살지 말라고.
네가 먼저 행복해지라고.
그러면 네가 사랑하는 사람들은 그렇게 될 거라고.

내가 먼저 한국으로 돌아왔고, 뒤이어 들어온 너와 언제 어떤 계기로 멀어졌는지는 여전히 모르겠다. 어쩌면 미국에서 겪은 많은 일들때문에 네가 많이 상처받고 괜히 주눅 들어

어울리지 못했던 것 같기도 하고..

 그래도 좋은 사람 만나, 결혼하는 것 같아서 진심으로 축하해주려 했어. 물론, 갑작스레 결혼 소식을 전화도 아닌 문자로 전한 네가 너무 괘씸했지만 말이야. 결혼식장 신부 측 하객이 텅 빈 것을 보면서, 마음이 좀 안 좋기도 하더라.

 결혼 후엔 어떻게 살고 있니?
 지금은 너의 삶을 살고 있니?

 어디에서 무엇을 하고, 어떻게 지내는지 이제는 사실 별로 궁금하진 않지만, 남의 행복을 위한 삶이 아니라, 너를 위한 삶을 살고 있기를 바란다.

    2021년 5월, 너와 한때 아주 많이 친했던 경아가.

Dear, My ex-best friend_oil on paper_29.7x21cm_2021

오랫동안 같은 시간을 쓰자,

언니.

매일같이 연락하니까 이렇게 편지를 쓴다는 게 괜히 낯간지럽긴 한데, 이번 기회에 꼭 언니한테 편지를 쓰고 싶었어.

브루클린 기숙사에서 어색하게 처음 인사한 지가 벌써 10년이 넘었네. 그때 우린 알았을까? 지금까지 이렇게 여전히 낄낄거리며 웃고 울며 만나고 있을지를.

가끔 심각하게 우린 전생엔 어떤 관계였을지를 상상해. 전생에 어떤 인연이었길래 이렇게 죽이 잘 맞나 싶어서.. ㅋㅋ 뉴욕에서 만나지 못했다면 어디에서든 만났을 것 같은 인연이랄까?

열네 살 나이 차이가 무색할 만큼 나에겐 언니가 가장 편하고 좋은 친구인 거 알고 있지? 가끔은 엄마 같기도 하고, 친언니 같기도 하고, (신문물의 정보 따위를 알려줄 때면) 동생 같기도 하고, 무엇보다 나의 마음을 잘 헤아려주는 세심하고 배려 깊은 친구 같아.

10년이라는 시간을 함께해오는 동안, 언니가 힘들 때, 그리고 내가 힘들 때도 있었지. 물론 좋은 일들도 있었고.. 그 순간순간마다 가까이에서 서로 응원해주고 그저 곁에 있어 줌에 감사해. 돌이켜보면, 힘들거나 고민되는 순간에 언니가 해준 조언과 충고가 많은 힘이 되었던 것 같아.

이젠 한 남자의 영원한 아내이자, 애인이자, 친구가 된 언니이지만 언니에게도 이런 순간들이 왔을 때, 나 역시 언니에게 그런 존재가 되면 좋겠다.

여전히 소녀 같은 감수성과 엉뚱한 호기심이 많은 언니가 참 좋아. 예술이라는 것은 사실 그런 것들로부터 시작되잖아. 그래서 언니와 대화를 나누다 보면, 많은 영감이 스쳐 지나가기도 해. 사실, 세상의 많은 모든 것들이 대화에서 나오니까 말이야.

브루클린의 기숙사에서 1박 2일, 무한도전, 유희열의 스케치북을 보면서 온 기숙사에 김치 냄새를 풍겨가며 먹었던 우리의 수많은 저녁 식사의 순간들이 가끔은 너무 그리워. 언니는 지금도 여전히 나에게 음식을 해 주고, 하물며 배달까지 해 주지만, 그땐 더 많이 '같은 시간'을 공유하고 있다는 느낌 때문인 것 같아.

언니가 내게 딱 한 번 크게 화를 낸 적이 있었는데, 기억나? 유독 시간 약속을 중요하게 생각하는 언니인데 파이널을 앞두고 예민해져 있는 상황에서도 나의 절친이 뉴욕에 놀러 왔다는 말에, 맛있는 거 해주겠다며 언니의 방으로 초대했었지. 지하철 연착으로 30분 정도 늦었던 나와 내 친구에게 언니는 부리나케 화를 냈고, 그런 모습을 처음 본 나는 당황해서 아무 말도 할 수 없었어. 그 와중에도 음식 가져가서 먹으라며 싸 준 언니의 마음을 누구보다 잘 알았기에, 돌아간 내 방에서 나는 한참을 울었어. 늘 상냥했던 언니가 그렇게 화를 낸 적은 처음이라 정말 미안했던 것 같아. 언제 그랬냐는 듯 다시 예전의 우리처럼 돌아갔지만, 그 이후로 난 언니와의 약속엔 절대 늦지 않으려고 노력해. ㅋㅋ

우리 참 여행도 함께 많이 다녔다. 그치? 펜데믹 상황이 언제까지 계속될지 모르는 상태에서 언제 또 함께 자유롭게 여행을 갈 수 있을지 모르지만, 우리의 평범한 일상에서도 '같은 시간'을 함께 아름답고 소중하게 쓰자.

언니가 뉴욕에서 돌아와 치열하게 회사에 다닐 땐, 언니와 이렇게 멀어지겠구나. 라고 생각하기도 했어. 그때 당시의 언니는 너무 날이 서 있고 예민한 상태여서, 말을 걸기도 어려웠거든. 이런저런 이유로 회사를 그만두었지만, 언니의 선택과 결정을 응원했고, 결과적으로 지금 무엇보다 언니가 행복해 보여서 좋아.

앞으로 10년 후 우리의 모습은 어떨까? 며칠 전, 뉴욕에서 함께 찍은 사진을 발견하고 언니에게 보냈을 때 언니가 했던 말, 기억나?

"10년 후에도 지금 우리 사진을 보면서 추억할 수 있게 같이 사진 많이 찍자."

그러자 언니.

그것이 글이 되었든, 사진이 되었든 간에 함께 하는 이 행복한 시간을 기록해두자. 10년 후에 꺼내 보며 지금처럼 웃을 수 있게.

편지 작업을 하면서 '표현'하는 것이 얼마나 중요한가를 새삼 깨닫고 있어. 이 역시 언니한테 많이 배운 것 같아.

많이 고마워. 우리 앞으로도 더 재밌게 살자!

    2021년 5월, 언니의 웃음 지뢰이자 소울메이트 경아가.

Dear, My best friend 1_oil on paper_29.7x21cm_2021

나의 가장 오래된 친구에게,

기미내~

너에게 편지 안 쓴 지 꽤 오래된 것 같네. 얼마 전, 개인전 준비를 위해 오래된 상자 속에서 내가 받은 편지들을 살펴보았어. 초등학교 때부터, 지금까지 30년이 넘는 시간 동안 너에게 받은 편지가 제일 많더라. 자주 만나는 친구 사이였음에도 늘 편지와 카드를 주고받던 우리의 시간이 새삼 물리적으로 느껴지는 경험이었어.

나의 오랜 친구이자 베프인 인애야. 초등학교 때 같은 멜빵바지를 입고 수학여행에서 춤을 추던 그때부터 너의 신랑과 함께 어울리는 지금이 오기까지, 우리 정말 많은 시간을 나누었다. 그치?

늘 너를 생각하면 미안하고 고마워. 예술가라는 힘든 직업을 선택하여 살아가는 나에게 늘 조건 없는 응원을 해주고, 멋지다고 말해주는 친구야. 나는 늘 너에게 받기만 한 것 같아 미안하고 고맙다. 이 짧은 글로나마 너에게 나의 이 마음이 잘 전달되기를 바라.

지금은 코로나바이러스 때문에 시드니에 있는 널 만나지는 못해도 우리가 다시 만나면, 그 짧은 시간에 강렬한 추억 함께 만들 수 있을 거란 기대를 하며 보고 싶은 마음 참으며 지내고 있어.

이제 곧 있으면 너의 생일이네. 이번 네 생일에는 이 편지가 담긴 나의 책을 선물과 함께 시드니로 보내 줄게. (이 편지 읽으면 울보 기미내 또 질질 짜겠지? ㅎㅎ) 보내기 전에 한국에서 꼭 받고 싶은 것이 있으면 리스트 알려주렴. ㅎㅎ

멀리 있어도 늘 서로를 응원하고 아끼는 마음 잃지 말고 지금처럼 '가끔씩 오래 보는' 친구로 남자. 말 안 해도 잘하겠지만, 거기서 건강 잘 챙기고 마이클이랑 싸우지 말고 잘 지내. 겨울에 네가 한국에 오면 우리 여유 있게 좋은 시간 많이 나누자. 그때 더 시간을 아껴 쓸 수 있도록, 지금 널 보고 싶은 마음은 잠시 넣어 둘게.

인애야. 늘 고맙고 고마워. 나의 가장 오래된 친구로 죽는 날까지 남아 주렴.

2021년 5월, 너의 오래된 친구 경아가.

Dear, My best friend 2_oil on paper_29.7x21cm_2021

오래 잊고 있던 가족이었어요,

고모. 안녕하세요.

제 인생의 작은 목표가 2-3년 주기에 한 번씩 뉴욕에 가는 것인데, 코로나바이러스로 작년에 이루려던 그 목표를 달성하지 못했네요. 그래도 가끔 뉴욕에 계시는 고모와 영상 통화라도 할 수 있으니 다행입니다. 그리고 고모와 고모부 모두 백신을 다 맞으셨다니 조금은 안심이 되고요.

제가 뉴욕에 공부하러 갈 때, 고모 식구들이 계셔서 심적으로 얼마나 안심이 되었는지 몰라요. (저보다 부모님이 더 그러셨겠죠? ㅎㅎ) 사실 제가 어릴 때 이민 가셔서 저에게 고모의 기억은 거의 없었는데, 애지중지 자식처럼 보살펴 준 막냇동생의 딸이라는 이유로 고모는 저에게 극진한 사랑을 베푸셨죠. 타지에 오래 사셔서 가족을 만날 일이 드물어서였다고 하기엔 고모와 고모부, 주아 언니까지 저에게 너무 많은 사랑을 주셨어요. 정말 감사합니다.

늘 통화할 때마다 저에게 따듯한 말 아끼시지 않고, 보고 싶어 눈물까지 고이시는 고모. 저도 고모를 생각하면 눈물이 맺혀요. 오랜 시간 동안 타국에서 고생하셨을 것을 알아서일까요? 그래도 지금은 은퇴하시고 몸과 마음 편한 시간 보내시는 것 같아 저도 기쁩니다.

고모를 생각하면 고모의 그 씩씩한 걸음걸이가 생각나요. 매주 일요일, 고모가 쉬시던 날엔 언니와 함께 Prospect Park

를 함께 걷고 뛰었잖아요. 어쩌면 고모의 그 걸음걸이, 몸짓 하나가 고모라는 사람 자체를 대변하고 있다고 생각했어요.

지금도 여전히 배우는 것을 주저하지 않으시고, 씩씩하게 뭐든지 도전하시는 고모를 보면 제가 고모를 닮은 게 아닌가 싶기도 합니다. ㅎㅎ 저도 고모가 되어보니, 조카가 그렇게 예쁠 수가 없어요. 저랑 비슷한 점이 조금이라도 발견되면 신기하기도 하고요.

매주 주말, 고모 댁에 가서 함께 지어 먹던 신선했던 샐러드와 땡스기빙 때 구워 먹던 터키, 언니가 가끔 해 주던 매쉬 포테이토, 엠파나다가 그립습니다. 몇 해 전 고모가 한국에 오랜만에 오셨을 때, 함께 많은 시간 나누지 못해서 너무 아쉬웠어요. 펜데믹 상황이 끝나면, 엄마 아빠 모시고 함께 가고 싶어요. 그땐, 좋은 추억 많이 쌓아요.

저에겐, 오래 잊고 있던 가족이 고모였어요. 사실, 뉴욕에서 처음 만났다고 해도 과언이 아닐 정도였으니까요. 그럼에도 불구하고, 고모께서 활짝 열어 주신 마음 덕분에 Homesick이라는 감정은 느낄 새도 없이 마냥 행복하게 보냈던 뉴욕 생활이었어요. 고모와 고모부, 그리고 주아 언니 모두에게 정말 고맙습니다.

이 편지를 직접 만나 드릴 날을 기대하고 있어요. 저에게 언제나 그렇듯, 씩씩하고 명랑한 고모로, 건강히 잘 지내고 계세요. 펜데믹이 끝나면, 꼭 뉴욕에서 만나요!!

2021년 5월, 어쩌면 고모와 아주 비슷한 조카 경아 드림.

미래의 남편에게,

안녕. 여보. 운명을 믿는 것도 안 믿는 것도 아니지만, 어쩌면 자기같이 완벽한(?) 사람을 만나려고 오랜 시간을 기다렸나 봐. 멸종했을 줄만 알았던 내 짝이 드디어 나타나다니. 너무 감격스럽다.

많은 것이 어설프고 모자란 나를 선택해줘서 고마워. 하나밖에 없는 온전한 내 편이 생긴 기분이 얼마나 좋은지 몰라. 늦게 시작한 만큼 함께, 더 많은 시간을 유쾌하고 재밌게 공유하며 살아가자.

특별한 직업을 가진 나를 늘 응원해주고, 이해해줘서 감사하게 생각해. 나 역시 자기가 하는 일이 더 발전될 수 있도록, 그리고 무엇보다 꾸준히 즐기도록 옆에서 많이 돕고 응원할게.

지혜로운 아내, 엄마가 되고 싶어. 아마 당신 옆에서라면 그 꿈이 가능할지도 모르겠어. 사랑이라는 마음은 붙잡히는 것이 아니라서, 언제고 튕겨 나갈지 모르지만, 그 마음이 나간 자리에 존경과 이해의 마음으로 채워 나갈 수 있도록 서로 노력하자.

많은 것이 처음이라 많이 어색하고 서투르겠지만, 그만큼 더 설레고 재밌을 거야. 그렇지? 그리고 난 자기와 함께라면 뭐든 두렵지 않아!

내가 그리는 화려한 색감의 그림처럼, 당신의 삶도 나로 인해 다양한 색채가 더해지기를 바라. 그리고 우리가 함께 그려나가는 그림도 꽤 괜찮은 작품이 될 수 있도록 만들어나가자.

2020년 10월, 고맙고 사랑하고 존경하는 당신에게.

Dear, My husband in the Future_oil on paper_54.5x39.4cm_2021

3부 보낸 편지함: 그리고 당신들의 사람들에게

나를
마음 한구석에
사랑으로
담아 놓을 수 있는 날이
언제까지일까?

형, 어떻게 지내시나요,

참 오랜만이지요, 잘 지내시나요?

문득, 이라고 하기엔 너무 오랜만에 형 생각이 났어요.

어느덧 형을 처음 만났을 때 형의 나이보다 제가 더 나이 들어버렸지 않겠어요? 형과 열 살 차이가 나니까 그게 벌써 그만큼 예전 일이 되었네요. 전 잘 지내고 있어요. 아직 그대로 혼자 지내고 있고요. 사진은 계속 찍고 있어요. 왜 형이 갑자기 생각났을까요?

연락이 두절되었던 긴 시간이 무색하네요. 형이 보시기에 전 많이 달라졌을까요? 나아졌을까요?

그 당시 형의 나이에 하셨던 선택들을 제가 지금 할 수 있을까 잠시 생각해보았습니다. 아마 그러할 순 없었을 것 같네요.

전 어디로 가는 것일까요. 무엇인가에 발목이 잡힌 채 계속 제자리걸음 중인 것만 같습니다. 아니 제자리걸음이라도 그 보드랍던 발밑의 흙은 다 어디 갔을까요.

저의 작은 방에 와인 한 병을 사서 찾아오셨던 그 날 저녁이 생각납니다. 형, 어떻게 지내시나요?

2016년 3월, G 드림.

엄마, 디자인해서 미안해,

엄마, 나에요. 막내딸.

왜 '엄마'라는 단어만 불러도 이리 마음이 저리고 괜스레 눈물이 나는지. 나 같이 고집스럽게 평생 엄마 속만 썩이는 딸은 엄마한테 미안한 마음뿐인가 봐.

대학교 내내 무섭도록 엄한 아빠 몰래 친구들과 놀다가 늦게 들어오고, 그런 나를 어떻게든 감싸주려고 했던 엄마는 나 때문에 마음 졸이며 살았었지? 대학졸업반 때 전공 학과와 전혀 상관없는 인테리어 디자인하겠다는 나의 말에 아빠는 집안이 떠나갈 정도로 반대를 하셨죠. 엄마도 계집애가 그냥 시집이나 가지, 지금 와서 무슨 디자인 공부를 다시 하겠다는 거냐며 마음 졸이고 반대한 거 기억해요.

피는 못 속이나 봐. 외할머니가 당시 명동에서 의상실을 운영하셨던 패션 디자이너였고, 엄마를 비롯한 이모 아홉 명과 삼촌 두 명 중 여섯 명이 미대나 디자인 전공을 하셨으니, 디자인 DNA는 분명 내 몸속에 있었을 거야.

대학 졸업 후 인테리어 디자인 회사 디자인실에 합격했었지. 그런데 무슨 오기였는지, 다른 전공자들에 비해 더 빨리 많은 실무적 지식을 배우고 싶어서 시공 현장 기사로 지원했었어. 그때도 엄마 많이 속상했었죠? 디자인실 들어가서 얌전히 앉아 도면 그리고 아름답게 디자인하는 줄 알았는데, 계집애가 무슨 그런 험한 현장을 가서 시공 기사를 하냐고.

첫 회사 5년 동안 양평, 제주도 등 지방 현장을 가면 거의 1년을 있다 오곤 했었지. 집에 올 때마다 점점 외모도 변해가고 말과 행동이 투박해지는 나를 바라보며 엄마는 어떤 생각을 했을까? 1년 동안 머물렀던 제주도 호텔 현장이 끝나고, 엄마 아빠를 그 호텔 게스트로 초대했던 것 기억하죠? 2박 3일 머무르며, 내가 만든 현장에서 마음 편하게 즐기시길 바랐었어. 내가 엄마 아빠에게 해줄 수 있는 최고의 선물이라 생각했지. 그런데 엄마는 호텔에서 한 발자국도 안 나가시고 싼 음식들만 드셨지. 혹시라도 모든 돈을 내가 지불할까 봐.. 내 딸이 호텔을 시공하느라 1년 내내 얼마나 힘들고 고되었을까를 생각하며 엄마 혼자 눈물짓는 모습을 보면서, 다시는 내가 만든 공간에 엄마를 모시지 않기로 그때 스스로 결정을 했었어.

 엄마, 나 서른한 살 때 작은 인테리어 디자인 회사 했었잖아요. 겁도 없었어. 돈도, 영업능력도 아무것도 없는 나와 내 친구들은 무슨 배짱으로 그런 용기를 냈었는지.. 옆에서 지켜보는 엄마는 얼마나 마음을 졸이셨을까? 시작할 땐 좋을 날만 있을 줄 알았어. 한참을 재밌게 일할 때도 있었지만, 동업자들과 사이가 안 좋을 때도 있었고, 고객과 마찰이 있어서 결국은 법정 소송까지 가서 우리 집으로 송장이 날아오던 날 엄마의 표정을 잊을 수가 없어. 평생을 법 없이도 살아오시던 분이 막내딸 앞으로 날아온 법원 송장을 엄마는 감당할 수가 없었을 거야.

1년에 걸친 법정 싸움으로 결국 우리가 승소했지만, 소송하는 내내 엄마는 이제 그만하고 그 돈 엄마가 주겠다고 했었지. 나는 아무 잘못 없다고 했었고, 엄마도 그걸 믿는다고 하셨지만, 엄마가 얼마나 두렵고 무서웠을까 생각하면 내가 뭘 그리 부가가 치미는 소송을 주변 사람들에게 상처를 주면서 했었는지 나도 잘 모르겠어.

마흔이 되는 나이에 결혼은 하지 않고 다니던 회사도 그만두고 미국 가서 다시 공부하겠다는 말을 듣고 엄마는 또다시 몇 날 며칠을 밤새며 속상해하고 눈물 흘렸던 거 알고 있어요. 아마 그때 엄마는, 나의 막내딸이 한국이 너무 싫어서 미국으로 가서 다시는 안 돌아올 거 같아서 더욱 마음이 무너졌을 거라 생각해요.

고생 많이 했어요, 엄마. 아니, 우리 고생 많이 했다.

내가 디자인을 시작할 때는 '디자인'이 이렇게 거칠고 어렵고 마음을 졸이는 직업인 줄 몰랐어. 내 몸과 마음이 망가질 때 엄마도 옆에서 함께 무너지고 있었던 거 알고 있어요. 그렇다고 수억 원 돈이라도 벌었으면 억울하지나 않았겠지만, 돈이라는 게 웃기는 거라서 아무리 열심히 일해도 비례적으로 내 옆에 달라붙어서 따라오는 게 아니더라고. 왜 그리 바쁘게 살았나 모르겠지만 정말, 정말 할 일이 많았어.

모든 프로젝트를 할 때 그 일의 크기에 상관없이 디자이너의 삶은 월화수목금금금 하루 24시간이 모자라게 일에만 파묻혀서 사는 삶이었어요.

내가 결혼을 늦게 한 것도 사실은 '디자인' 때문이었다고 생각해요. 너무 바빠서 밥 먹고 잠잘 시간도 없는데, 남자를 어떻게 만나서 언제 결혼을 했겠어요. 늦은 결혼 때문에 아이가 안 생기는 나를 바라보며, 엄마는 그러셨죠.

'네가 아이가 없는 게 내 잘못이다. 디자인 그만하라고 하고 일찍 결혼시켰으면 아이도 낳고 행복하게 살았을 텐데..' 라고요.

엄마!!

내가 스물네 살부터 디자인을 시작했으니, 올해까지 26년째 이 업에 몸을 담고 있네요. 일도 탈도 많았었죠.

미안해요, 엄마. 디자인해서…

지금은 조금 휴식을 하고 있지만, 그래도 엄마!

나는 디자인 할 때가 가장 재미있고, 내가 살아있는 걸 느껴요. 그래서 더욱 미안해요.

내가 디자인 해서 수억 원의 돈을 벌고 유명인사가 되어서 세계적인 거장이 되지는 못할 거 같아요. 그래도 내 길을 꿋꿋이 걸어갈게요. 그러니 이제 엄마는 마음 내려놓으시고, 내 옆에 계속 계셔주세요.

사랑해요, 엄마.

2020년 10월, 엄마의 막내딸 희정 드림.

너에게 더 좋은 사람이길,

안녕? 안녕하니? 요즘은 좀 어때?

언제나 곁에 있어서, 너무 당연한 사람이라서, 항상 널 챙기는 걸 잊어버리곤 해. 가까운 사람일수록 더 소홀해지고, 때론 가장 먼저 원망의 대상으로 삼기도 하잖아. 그래서 항상 미안해.

어떻게 보면 네가 가장 큰 희생양이 되었네. 널 더 아껴주지 못하는 걸 깨달을 때, 상처받게 할 때, 속상하게 할 때, 마음이 아파. 그런데 사실 정말 오랫동안 함께 했는데도, 아직도 너를 잘 모르겠어. 뭘 좋아하는지, 왜 그런 감정이 들었는지, 무엇이 널 힘들게 하는지, 어떤 때 행복한지, 재미있어하는 건 뭔지, 몸 상태는 어떤지, 마음은 또 어떤지…

정말 궁금하지만, 궁금해하는 것 자체를 잊어버릴 때도 있어. 아낀다고 하면서도 무신경한 이중적인 모습이 너무 화가 나. 완벽할 수 없다는 걸 알지만, 부족한 점에 좌절해 무너지는 걸 볼 때마다 짠하고 안타까워. 모두에게 좋은 사람이 되려고 하면 뭐해. 너에겐 가장 못된 사람이 되고 있는걸..

너에게 더 좋은 사람이 되어볼게. 노력하지 않아도 자연스러워지도록.. 다른 사람에게 하려는 만큼만 좀 더 너에게 집중할게. 새해엔 더 잘 지내보자.

2021년 1월, 희진.

그 나이엔 어떤가요,

안녕하세요? 할아버님.

어떤 인사로 시작해야 할지 모르겠는 아득한 마음으로 편지를 씁니다.

어쩌면 지금의 '나'에 대해 궁금해하실지도 모르겠다는 생각이 들어, 이야기를 꺼내 보도록 하겠습니다.

전 지금 태산이를 맞을 준비를 하고 있습니다. 또 어머니를 가슴 깊숙이 안고 살아내고 있습니다. 회사 10년 만근을 앞두고 있는데 심적으로 매우 힘이 듭니다. 뭐랄까.. 사막 위에서 신기루를 보며 터덜터덜 걷는 느낌입니다.

어머니가 떠나가시니 아득바득 살아낼 목표를 잃고 출렁대는 파도에 몸과 마음을 맡긴 채 두둥실 떠다니고 있습니다. 큰 파도가 나를 덮쳐도, 작은 파도가 나를 간지럽혀도, 목표가 사라지니 멍하니 하늘만 바라보고 사는 것 같아요. 어쩌면 제 인생에서 가장 후회되는 시기일지도 모르겠다는 생각이 들기도 합니다.

최근에는 자꾸만 바다가 보고 싶어 매주 서해와 동해를 오가며 바다를 보러 다니고 있습니다. 바다가 주는 파도 소리와 바람 소리를 들을 때면 마음이 편안해집니다. 할아버님도 그러시겠죠?

언제쯤 오롯이 나에게만 집중할 수 있는 시간이 올까요?

오늘은 성민이와 범수와 함께 동해 쪽에 사천해수욕장을 다녀왔습니다.

제가 사진을 몇 장 찍어두었으니 꼭 열어보시기 바랍니다. "210125_동해 사천해수욕장" 폴더에 넣어 둘게요. 성민이가 우두커니 앉아 바다를 바라보고 있는 '나'를 찍어주기도 했습니다. 오늘을 기억하시기에 도움이 되시길 빕니다.

할아버님은 어떤 마음으로 살아가고 계시는가요?

할아버님 나이 때에 '나'는 어떤 생각과 마음으로 살아내고 있을지 매우 궁금합니다. 후회 속에 계신가요? 기대 속에 계신가요? 아니면 아직도 시간에 몸을 맡긴 채 살아내고 계시는가요?

설마, 아직도 잘 모르겠네~ 하시는 건 아니시죠?

사실 금방이라도 흩뿌려질 것들을 움켜쥐고 살아가시지는 않을까 염려스러운 마음도 있습니다. 지금의 '나'에게는 귀담아듣지 못하는 이야기이지만 부디 인생 덧없다는 허망한 마음으로 살지 않으셨으면 좋겠습니다. 할아버님 인생이 흩뿌려지는 모래가 되지 않도록 인생의 순간순간을 사진으로 잘 간직해 두겠습니다.

지금은 하찮은 감정과 시간일지라도 나중에는 추억이 되겠죠?

반대로 할아버님이 저에게 주는 메시지도 있었으면 좋겠네요. 정말 좋은 위로가 될 텐데 말이죠. 시간이 지나야만 이 편지가 전해질 수 있다니 아쉬울 따름입니다. 이 편지가 전달돼 읽으실 때 그 의미가 정확할 수 있도록 정진할게요. 어쩌면 이 편지를 쓰는 행위가 할아버님이 저에게 주는 메시지일 수도 있겠네요.

마지막으로 한마디 더 남기고 편지를 마치려 합니다. 전 그간 써두었던 글을 통해 20대의 '나'에게 배우는 점들이 있습니다. 어쩌면 이 글을 펼치시는 그날에, 오늘의 '나'에게 이제는 위로받으셨으면 합니다.

정말 고생하셨고 잘 이겨내셨습니다. 부디 우리 엄마 얼굴을 잊지 마시고 꼭 기쁜 마음으로 찾아뵙길 빌겠습니다.

감사합니다. 그리고 존경합니다.

2021년 1월, 36세 어느 청년 드림.

세상의 전부에서 일부로 바뀐다 해도, 사랑해,

4월의 마지막 날, 봄의 중턱에서 갑작스레 추위가 찾아왔다. 돌풍을 동반한 추위는 요란했고, 우리 집 테라스엔 거센 바람에 꺾여버린 나뭇가지들과, 밖에 놔두었던 아이의 물건들이 저마다 다른 방향으로 나뒹굴었다. 봄을 인제야 제대로 만끽하나 싶을 찰나에 찾아온 불청객이 얄궂게 느껴졌다.

온라인 수업에 지친 아이를 데리고 하루 한 번은 꼭 밖에 나가야 한다는 나의 다짐이 날씨에 흔들렸지만, 바람이 조금 잠잠해졌다 싶을 어둑어둑한 저녁 무렵, 아이를 데리고 집을 나섰다.

"아들, 엄마랑 산책 다녀오자~!"

날씨 때문인지 밖에 나온 사람들은 눈에 띄지 않았고, 바람 소리만 들리는 고요한 산책길을 아이와 손을 잡고 걸었다. 아이는 오늘따라 무엇이 그리 즐거운지, 옆에서 재잘재잘 끊임없이 말을 했다. 알 수 없는 게임 이야기가 대부분이었지만 나는 제법 영혼이 담긴 목소리로 혼신의 대답을 하기도 했다.

"어머, 그랬어? 그래서 이겼구나~대단하네! 우리 아들!"

그렇게 아무도 없던 우리만의 산책길에서 아이는 토끼처럼 깡충깡충 뛰어다녔고, 나는 한껏 들뜬 목소리로 이름을 부르며 아이를 쫓아갔다.

좋았다.

 아이의 해맑던 신남도, 바람 불던 밤공기도, 아무도 없어서 더 선명하게 들렸던 우리의 대화도. 대화의 끝, 침묵의 순간에 어김없이 내 손을 잡으며, "엄마, 사랑~"이라고 말해주는 것까지도.

 "엄마도 사랑해. 제일 사랑하지!"

 너에게 내가 그 감정으로 기억되는 날이 언제까지일까? 기나긴 펜데믹 상황에 매일 붙어서 지지고 볶고, 싸우고 상처 주는 날도 많지만, 그럼에도 불구하고 네가 나를 마음 한구석에 사랑으로 담아 놓을 수 있는 날이 언제까지일까?

 네 세상의 전부인 엄마가 언제까지일까? 아직은 멀었겠지? 하면서도 아이가 곧 나의 품 안을 떠날 생각을 하니 불현듯 그 사랑이 서러워졌다. 나에겐 눈 감는 날까지도 온전히 네 생각, 네 걱정뿐일 텐데.. 세상 전부일 너일 텐데..

 바람이 거세져 급히 방향을 틀어 집으로 돌아가는 길, 건널목에서 신호를 기다리며 추워하는 아이를 내 패딩 점퍼 안으로 넣어 감쌌다.

 "엄마가 바람 막아 줄게. 봐봐, 이제 안 춥지?"

아이는 내 허리춤을 꽉 껴안으며, "엄마, 고마워! 엄마 최고! 사랑해~"라고 말했다.

아이는 그 찰나에 내 냄새를 맡았을 것이다. 아주 가까이서 코를 비비며 엄마 냄새를 느꼈겠지.

언젠가, 내 품을 떠나 너의 마음속 엄마가 세상의 전부에서 일부로 바뀐다고 해도, 지금 맡은 엄마의 냄새를 기억해줘. 네가 걷는 길목의 모든 풍파를 막아 줄 순 없겠지만, 너의 든든한 바람막이가 되고 싶었던 엄마를 지금 이 냄새로 기억해줘, 아들.

아이는 자라면서, 오늘처럼 봄날 한가운데서도 거센 바람을 맞을 때도 있을 것이다. 부딪혀야만 할 수많은 난관과 시련이 있겠지. 그래도 엄만 믿어. 엄마 아빠가 너에게 온전히 주는 사랑과 온기만이, 힘든 시간 속에서 널 버티게 해 줄 버팀목이라는 것을 믿어 의심치 않아.

따듯했던 너와의 대화 속, 깊은 여운을 남겼던 산책 후에 곤히 잠든 아이의 머리를 쓸어 넘기며 오늘도 나지막이 말해 본다.

'아들, 늘 미안하고, 고맙고, 사랑해.'

2021년 4월, 너의 엄마 정연주.

4부 받은 편지함

나도 당신이 행복했으면 좋겠어요

사랑하는 경아야,

초등학교에서 맞는 마지막 어린이날을 기다리는 경아에게 아빠는 무슨 선물을 해 줄까 곰곰이 생각하다가 값비싼 물건보다도 아빠의 마음을 담은 이 편지를 예쁜 연필꽂이와 함께 주기로 했다.

아빠는 아직도 우리 경아가 아기 같이만 생각되는데, 때때로 경아가 아빠에게 하는 말이나 행동을 보면 어른스러울 때가 있구나. 이제 조금 있으면 중학생이 되는 경아에게 아빠가 바라는 것은 밝고 바르게 커 달라는 것이란다. 예의 바르고, 누구에게나 칭찬받을 수 있게 모든 일에 최선을 다해주기 바란다.

그리고 진실한 친구를 사귀거라. 살아가면서 어려울 때 참된 조언을 해 줄 수 있는 친구를 사귀면 좋겠다. 그리고 너에겐 이 세상 누구보다도 사랑하는 엄마, 아빠가 있다는 것을 잊지 말아라.

           1996년 5월, 경아를 사랑하는 아빠가.

최회백,

경아야,

참 흔치 않은 인연으로 만나서 많은 시간을 함께 나누고, 또 소중한 추억들을 많이 만들게 된 1년이었구나.

철두철미한 너의 계획성과 불같은 추진력에 많은 자극을 받고 배우려 애쓴, 게다가 까도 까도 끝이 보이지 않는 네 경험과 '매력'에 사로잡힌 1년이기도 했다.

앞으로 어떤 길을, 어떤 모습으로 가게 될지 알 수 없지만 오랜 시간이 지나도 자극이 되고 도움이 되는 친구가 되었으면 한다.

아무쪼록 겨울의 멋진 낭만 여행, 즐겁게 또 건강히 다녀오길 바라고, 돌아와서 한층 두터워진 네 매력의 층을 난 매우 기대하고 있겠다. 비록, 내가 없어 텅 빈 것처럼 느껴질 시간이겠지만 크리스마스, 새해, 또 너의 생일, 잘 보내길 바라!

Merry Christmas & Happy New Year & Happy Birthday!

2011년 12월, 자인.

사랑하는 우리 딸,

우리 딸.

경아는 어렸을 때부터 야무지고, 똑 부러진 성격이어서 엄마는 우리 딸 걱정이라곤 해본 적이 없단다.

글씨도 잘 쓰고, 학년마다 글짓기상, 그림 그리기상은 휩쓸었었고, 항상 밝은 성격에 보기만 해도 기분이 좋고, 학업 성적도 기대 이상이어서 마음속으론 흐뭇했단다.

그런데 그런 우리 딸이 어느새 30대 중반을 넘어서 있으니 실로 걱정이 된다. 가끔 짜증을 낼 때는 밉기도 하고..

경아가 사랑하는 사람을 만나 평범한 가정을 꾸리는 상상을 많이 하곤 한단다. 요즘엔 우리 딸이 좋은 인연 만나게 해달라고 기도도 많이 하고 있어. 그리고 건강하고, 이루고자 하는 일 꼭 성취할 수 있도록 늘 응원한다.

앞으로도 계속 화이팅하고, 좋은 일만 있기를 바란다.

2021년 5월, 엄마가.

고모가 행복해졌으면 좋겠어,

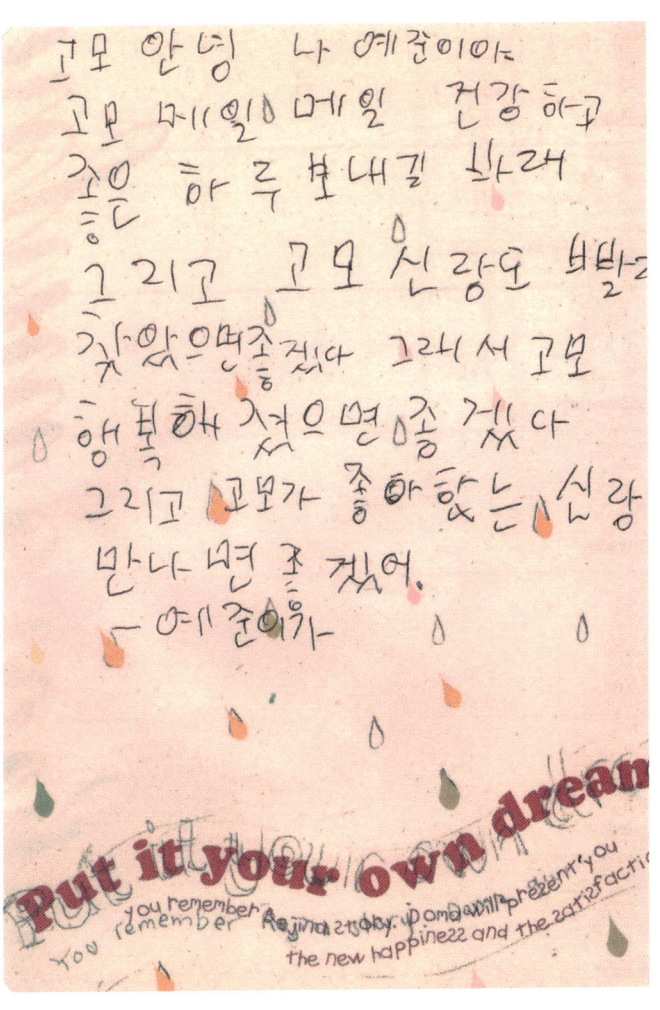

2021년 5월, 예준이가.

| 나가며

코로나 19 바이러스가 덮친 2020년 한 해, 우리는 모두 갑자기 혼자 있는 시간이 많아졌다. 이때 나는, '글쓰기'로부터 위로받았다. 생각해보면, 난 어릴 적부터 편지로 마음을 자주 표현해왔다. 재난 상황 동안, 사람과의 만남을 그리워하며 그립고 궁금한 사람들, 혹은 꼭 전하고 싶은 말이 있는 사람들에게 편지를 썼다. 그리고 그 편지들을 이미지로 변환하여 회화 작업으로 구현하였다.

미움과 증오로 가득 차 있던 마음도, 편지를 쓰는 동안만큼은 잠시 그 마음이 변하기도 한다. 조금은 느리지만, 진정성과 설렘이 있는 '소통'을, 편지라는 형식을 빌려 시도했다.

이 글을 읽는 당신도 책에 담긴 편지와 그림을 통해, 잠시나마 애정을 전하고픈 누군가를 떠올릴 수 있는 계기가 되면 좋겠다.

표현이 서툴러 글로밖에 사랑 표현을 하지 못하는 딸을 늘 걱정해주고 응원해주는 부모님, 오빠와 올케 아름 언니, 사랑스러운 조카 예준, 예성이에게도 고마움을 전한다. 특히, 편지를 쓰며 생각했던 모든 사람과, 3부에 묶인 '당신들의 편지'를 흔쾌히 보내주신 희진님, 친구 고성, 희정 언니, 종욱님, 연주 언니에게 애정을 담아 이 책을 바친다.

마지막으로 박준 시인이 쓴 책의 한 구절을 인용하며 글을 줄인다.

"아무리 짧은 분량이라도 사과와 용서와 화해의 글이라면 내게는 모두 편지처럼 느껴진다. 어떻게 살아야 할지, 어떠한 양식의 삶이 옳은 것인지 나는 여전히 알지 못한다. 다만, 앞으로 살아가면서 편지를 많이 받고 싶다. 편지는 분노나 미움보다는 애정과 배려에 더 가까운 것이기 때문이다. 편지를 받는 일은 사랑받는 일이고 편지를 쓰는 일은 사랑하는 일이라고 생각하기 때문이다."

박준, 『운다고 달라지는 일은 아무것도 없겠지만』, p 26

나도, 당신도, 머지않은 미래에 사랑을 받고 사랑하기를 바라며.

2021년 여름의 시작에, 최경아(Eugene)

그림

Dear, Mr.Oh_oil on paper_29.7x21cm_2021 (p.12)

Dear, Mr. Kim_oil on paper_29.7x21cm_2021 (p.24)

Dear, Grandpa_oil on paper_56x76cm_2021 (p.42)

Dear, Grandma_oil on paper_29.7x21cm_2021 (p.50)

Dear, Aunt_oil on paper_29.7x21cm_2021 (p.74)

Dear, D_oil on paper_29.7x21cm_2021 (p.84)

Dear, Mom_oil on paper_45.5x37.5cm_2021 (p.86)

Dear, Myself_oil on paper_29.7x21cm_2021 (p.92)

Dear, The old man_oil on paper_29.7x21cm_2021 (p.94)

Dear, My son_oil on paper_29.7x21cm_2021 (p.98)

From, Daddy_oil on paper_29.7x21cm_2021 (p.104)

From, Jain_oil on paper_29.7x21cm_2021 (p.106)

From, Mom_oil on paper_76x56cm_2021 (p.108)

From, My nephew Daniel_oil on paper_29.7x21cm_2021 (p.110)

나도,
당신도,
머지않은 미래에
사랑을 받고
사랑하기를 바라며.

당신에게 보내는, *A letter*
ⓒ 최경아, 2021

초판 1쇄 펴냄 **2021**년 **7**월 **24**일
글/그림/편집   최경아

펴낸곳   책뜰
이메일   chaegddeul2021@gmail.com
인스타그램   @chaeg_ddeul
출판 등록   **2021**년 **4**월 **19**일 제 2021-000072호
ISBN   979-11-974666-0-1 (03810)

이 책의 내용의 전부 또는 일부를 재사용하려면
저작자의 동의를 받아야 합니다.